L'EMPEREUR JULIEN

à Paris

PAR

LUC DE VOS

PARIS

Chez H. CHAMPION

Libraire de la Société de l'Histoire de Paris

QUAI MALAQUAIS, 5

—

1909

L'EMPEREUR JULIEN

à Paris

PAR

LUC DE VOS

PARIS

Chez H. CHAMPION

Libraire de la Société de l'Histoire de Paris

QUAI MALAQUAIS, 5

1909

*A Monsieur LOUIS LÉPINE, Préfet de police
la présente étude est dédiée.*

LUC DE VOS.

L'Empereur Julien à Paris

— — —

I

LES PALAIS DE L'EMPEREUR JULIEN A PARIS

(Critique d'un texte de Libanius.)

Les archéologues n'ont pu jusqu'ici résoudre cette question : quel palais l'empereur Julien habitait-il à Paris ? Une tradition, dont les preuves écrites sont relativement modernes, le place aux Thermes. Une opinion, plus rationnelle, l'installe dans la Cité, à l'endroit où s'élève aujourd'hui le Palais de Justice, ancienne demeure des rois de France. Laquelle des deux hypothèses est la vraie ?

Contre la première on peut faire valoir la vraisemblance. Il est peu probable qu'un César, venant à Paris en quartiers d'hiver, ait choisi son domicile à côté des bains publics. (Les navires, — éternel emblème de Paris, — qui reçoivent la retombée des voûtes dans le frigidarium, encore existant, des Thermes, sont un indice que l'établissement appartenait à la municipalité et servait aux habitants.)

Julien surtout, épris d'idéal, n'a pas dû vouloir de ce voisinage. Dans sa lettre contre les cyniques ignorants, il écrit ceci : « Ne faisons pas comme ceux qui visitent, sans avoir le désir d'apprendre quelque chose d'utile, une cité ornée de monuments religieux, pleine de cérémonies mystérieuses et de prêtres purs qui séjournent dans des endroits purs, et qui, pour maintenir cet état, c'est-à-dire la pureté de l'intérieur, en éloignent comme autant d'embarras, d'immondices et de vilenies, *les bains publics*, les lupanars, les cabarets et tous les établissements du même genre. » (Traduction Talbot, p. 162.)

Et cependant, lorsque Zosime raconte la révolution militaire qui fit du César un Empereur, il nous montre les soldats sortant en tumulte de leur caserne, la coupe à la main, et entourant le palais. Cette caserne, d'après Quicherat, occupait l'emplacement des rues Soufflot et Gay-Lussac, et il nous semble difficile d'admettre que les soldats n'eussent pas laissé leurs coupes sur les tables, s'ils eussent voulu courir de la rue Gay-Lussac dans la rue Saint-Jacques, descendre cette rue, arriver au Petit Pont, traverser le forum, et parvenir enfin au palais situé à l'ouest de la Cité.

La question se complique comme à plaisir, en raison du récit que Julien lui-même fait de la révolution :

« Tout à coup, dit-il, les soldats entourent le palais, ils crient tous ensemble pendant que je me demande ce que je dois faire, et que je ne m'arrête à aucun parti. Je prenais quelque repos dans une chambre voisine de celle de ma femme, alors vivante; de là, par une embrasure entr'ouverte, je me prosterne devant Jupiter... Vers la troisième heure environ, je ne sais quel soldat m'offre un collier, je le passe autour de mon cou, et je fais mon entrée dans le palais. » (Traduction Talbot, p. 244. — Edition grecque Hertlein, p. 366.)

Ainsi, Julien entre dans un palais, et cependant il n'avait pas quitté le palais où ses soldats l'avaient surpris. Il y a là, nous le répétons, une difficulté à éclaircir, un mystère dont la clef reste à trouver.

Peut-être estimera-t-on que la critique que nous allons faire d'un texte de Libanius jette sur la question quelque lumière.

*
* *

Il y a dans le dix-huitième discours de Libanius (Epitaphios épi Joulianôi) une phrase que les manuscrits et les éditions imprimées donnent avec une leçon qui me paraît fautive. La faute corrigée, un nouveau sens surgit, d'où l'on peut tirer un renseignement inédit sur les palais habités par Julien dans sa chère Lutèce.

Ce passage se trouve dans l'édition grecque-latine de Morel, t. II, p. 281 ; dans l'édition grecque de Reiske, t. I, pp. 539-540 ; dans l'édition grecque de Richard Foerster, t II, pp. 272-273. (Lipsiæ, 1904).

Libanius raconte que le préfet du prétoire, Florentius, acquitta un gouverneur de province accusé de vol par un Gaulois, et que l'opinion publique se révolta contre cette décision. Le Préfet, irrité des murmures qui parvenaient à ses oreilles, voulut prendre Julien pour arbitre. Il espérait que Julien n'oserait le condamner. Mais Julien se récusa. Florentius se fâcha. Et Libanius continue :

.... καὶ ἄνδρα ᾧ μάλιστα ἐχρῆτο, διαβαλὼν γράμμασιν ὡς ἐπαίροντα τὸν νέον, ἐξέβαλε τῶν Βασιλείων, ὃς ἦν ἀντὶ πατρὸς τῷ Βασιλεῖ...

Dans ce texte je propose de changer τὸν νέον en τὸ νέον.

Et voici les motifs de ce changement. Si l'on conserve le texte traditionnel, on est obligé de traduire (comme l'a fait Morel, et comme l'ont indiqué Reiske et Foerster dans leurs notes), de traduire d'une façon qui heurte à la fois la grammaire et l'histoire :

« Florentius éprouva une vive souffrance, et l'homme dont Julien était l'intime ami, il l'accusa faussement dans ses lettres ; et sous prétexte qu'il poussait ce jeune homme (c'est-à-dire Julien) à la révolte, il chassa du palais royal un homme qui était comme un père pour le César. Julien honora la victime de Florentius d'une lettre qui énonce sa tristesse de cette séparation, mais il ne changea pas de sentiments à son égard, et ne crut pas, ayant été outragé si gravement, devoir demander à l'Empereur des Romains vengeance de ce qu'il avait souffert. »

Cette traduction, avons-nous dit, est inadmissible, grammaticalement et historiquement.

1º La grammaire exige que le sujet du verbe *ekhrêto* soit Florentius, et non Julien.

Florentius chassa du palais royal un homme dont il était l'intime ami, et non pas un homme dont Julien était l'intime ami.

2º Il est hors de doute que, si l'homme chassé du palais par Florentius n'est pas Julien, ce rôle de victime revient à Salluste. Et c'est du reste ainsi que l'entendent Morel, Reiske et Foerster, le premier dans sa traduction, et les deux autres dans leurs notes.

Or, l'histoire s'oppose à cette attribution à Salluste de la mesure d'expulsion prise par Florentius.

Lorsque Salluste fut enlevé à Julien par l'empereur Constance, Julien était encore l'ami de Florentius. D'ailleurs, ce ne fut pas Florentius qui fit rappeler Salluste, ce fut Pentadius. De cela, nous avons pour garant Julien lui-même, dans sa lettre aux Athéniens :

« Quant aux entreprises formées contre moi par Pentadius, il est inutile d'en parler. Je lui résistai de toute ma force, et dès lors il devint mon ennemi. Bientôt, il se fit adjoindre un autre collègue, puis un second et un troisième, et, à l'aide de deux insignes calomniateurs, Paulus et Gaudentius, il fait dépouiller Salluste de ses fonctions parce qu'il était mon ami, et lui fait donner Lucien pour successeur. Peu de temps après, Florentius se déclare mon ennemi à cause de ses rapacités auxquelles je m'étais opposé. Ils persuadent à Constance de me retirer le commandement des armées... Il écrit des lettres pleines d'invectives contre moi et de menaces contre les Celtes qu'il jure d'anéantir. »

3º Salluste ne fut pas chassé avec ignominie du palais royal de Paris; il fut rappelé par l'Empereur avec la mission glorieuse de protéger la Thrace et l'Illyrie contre les Barbares. Le rappel de Salluste n'était pas une disgrâce. L'Empereur voulait seulement l'éloigner de Julien.

Il faut donc renoncer à l'interprétation traditionnelle du passage de Libanius que nous critiquons.

Et, cependant, si le texte était exact, il n'y aurait pas moyen de sortir de l'impasse.

Je propose donc la correction qu'on a vue plus haut et je traduis ainsi :

« Le prince (c'est-à-dire Julien) dont il était l'intime ami, Florentius l'accusa faussement dans une lettre à l'Empereur de préparer une nouveauté (une révolution), et il chassa du palais royal ce César, pour qui il eût dû avoir une affection de père. »

*
* *

Et voici le bref commentaire dont je crois devoir accompagner cette traduction..

1º Florentius avait été l'ami de Julien; et le César, devenu Empereur, ne changea pas de sentiments à son égard. Florentius s'étant dérobé par la fuite aux conséquences de sa conduite passée, Julien refusa d'écouter des espions qui lui offraient de lui livrer le coupable. Il laissa même entrevoir, en cette circonstance, qu'il était prêt à pardonner à Florentius. (Ammien, XXII, vii, 5.)

2° Nous venons de voir que Julien accusait Florentius d'avoir écrit contre lui, à l'Empereur, une lettre pleine de calomnies. Florentius accusait Julien de préparer un soulèvement en Gaule, et conseillait à Constance de priver la Gaule de l'armée qui la protégeait contre les Barbares. Les expressions de Julien concordent avec celles de Libanius.

3° Préparer une *nouveauté* a toujours été, dans la langue romaine, le synonyme de : fomenter une révolte. Ammien est d'accord sur ce point avec Jules César, Salluste et les autres historiens. (Cf. Ammien, XXVI, VI, 7; VIII, 14; X, 15, etc.)

4° Salluste était l'ami, et non le père de Julien. Au contraire, Florentius était, par sa fonction même, le père de l'Empire. Cf. les Novelles de Théodose, tit. VII. Le préfet du prétoire est appelé : « parens Karissime atque amantissime » (1). — Cf. aussi Cassiodore, Variarum, lib. VI. Formula præfecti prætorió : "... et nunc pater appellatur imperii... (2) (Migne, Patr. lat. t. LXIX, col. 682).

5° Les préfets du prétoire étaient chargés de l'annone du palais, et c'est ce qui leur permettait sur un ordre formel ou tacite de l'Empereur, de couper les vivres aux Césars.

C'est ainsi que Gallus, le frère aîné de Julien, avait été traité (Cf. Ammien, XIV, VII, 9) :

« Constantius mandabat Domitiano, ex comite largitionum, præfecto, ut, cum in Syriam venerit, Gallum, quem crebro acciverat, ad Italiam properare blande hortaretur et verecunde. »

« L'Empereur Constance avait, à plusieurs reprises, et toujours inutilement, appelé le César Gallus d'Antioche à Milan. L'ex-comte des largesses, Domitien, actuellement préfet, se rendant en Syrie, il le chargea d'exhorter respectueusement par des caresses le César à se hâter d'aller en Italie. »

Le préfet Domitien devina la véritable intention de Constance, et menaça Gallus de le réduire à la famine, s'il ne quittait le palais royal d'Antioche :

— *Proficiscere, ut præceptum est, Cæsar, sciens quod, si cessaveris, et tuas et palatii tui auferri jubebo propediem annonas.* (Ammien, *ibid.*, 11.) « Va-t'en, César, comme tu en as reçu l'ordre; et sache que, si tu tardes, je te couperai immédiatement les vivres, à toi et à tout ton palais. »

(1) « Père très cher et très tendre. »
(2) « Maintenant encore on l'appelle le père de l'Empire. »

Gallus, ainsi menacé, perdit la tête et fit massacrer le préfet. Julien était trop avisé pour se comporter avec une pareille sauvagerie : il obéit à Florentius.

6° De ce qui précède, il résulte que la lettre écrite par Julien après l'expulsion dont parle Libanius, ne fut pas adressée à Salluste, mais à Florentius.

Julien a bien écrit à son ami Salluste une épître dans laquelle il déplore le malheur de leur séparation, mais ce n'est pas à cette épître que fait allusion Libanius. Il dit que Julien, gravement offensé par le préfet, lui témoigna la douleur qu'il ressentait de ne plus vivre à côté de lui, et poussa la grandeur d'âme jusqu'à négliger de porter plainte auprès de Constance.

*
* *

Il nous est loisible maintenant de recueillir le fruit de cette discussion et d'écrire une page inédite — trop courte, hélas ! — de l'histoire du Paris gallo-romain.

Julien, à Paris, était sous la surveillance du Préfet du prétoire, chargé d'assurer son entretien, celui de sa femme, de leurs gardes, de leurs employés et domestiques. (On sait combien la bureaucratie tenait de place dans le Bas-Empire.)

Le César Julien était tacitement condamné à mort par Constance, comme l'avaient été son père, ses frères, tous ses parents.

Tant que le préfet Florentius n'eut rien à gagner à servir les intentions secrètes de l'Empereur, il vécut en bonne intelligence avec le César. Mais, le jour où il trouva, en cet honnête administrateur, un censeur de sa rapacité, il se tourna contre lui avec un sans-gêne d'autant plus violent qu'il se croyait sûr (et il l'était en effet) de plaire à l'Empereur en persécutant le César. Le chemin était tout tracé à son mauvais vouloir. Le Préfet Domitianus avait donné, à Antioche, le modèle de la procédure à suivre. On chassait le César du palais royal, on le déconsidérait devant ses sujets, on le mettait dans un embarras matériel des plus pénibles.

Julien fut chassé du palais de la Cité, mais puisque nous le trouvons, au moment de la révolte des soldats, dans un autre palais parisien, il faut en conclure que la municipalité de Paris lui avait spontanément offert un abri momentané aux Thermes.

La révolte achevée, il fallut songer à ramener le nouvel Empereur au palais du Gouvernement. Conduire un nouvel Empereur
au Palais Impérial faisait partie intégrante du cérémonial d'une
élection. (Cf. Ammien, XXVI, vi, 17-18 : élection de Procope.)

C'est ainsi que Julien, couronné, élevé sur un bouclier aux
Thermes, fut conduit — avec quel délire d'enthousiasme ! — au
palais de la Cité. Et c'est dans le consistoire de ce second palais qu'il
se montra, quelques jours après, à ses soldats, assis sur un trône,
et vêtu du paludamentum. (Cf. Ammien, XX, iv, 22.)

C'est du palais de la Cité qu'un officier de l'impératrice Hélène
s'élança sur l'agora pour aller déjouer les manœuvres des amis de
Florentius. (Cf. Julien, *Lettre aux Athéniens*, Hertlein, p. 367.)

Les Parisiens de l'an 360 croyaient sans doute avoir vécu des
heures inoubliables, et les décurions de l'époque devaient penser
que jamais leurs successeurs ne laisseraient périr la mémoire d'un
fait qui couvrait Paris de gloire. Paris avait donné un maître à
l'u[nivers, et c]e maître avait commencé son règne en diminuant
[de moitié l]es impôts des Gaulois.

L[es siècles s]ont passé, et aujourd'hui le voyageur qui parcourt
notre ville géante y rencontre toujours des citoyens amis de la
gloire, des administrateurs soucieux du bon renom de l'antique
Lutèce, mais ce qu'il ne peut y découvrir, c'est un monument, un
souvenir, un mot qui perpétue l'admirable élan de l'année 360. Julien n'a pas donné son nom à une rue, à une place, à un boulevard
— lui qui fut le boulevard de l'indépendance gauloise, lui qui re-
conquit la frontière de l'Est, et releva de leurs ruines des villes
sans nombre. Il n'a pas droit de cité dans sa chère Lutèce, lui à qui
Paris doit son rang de capitale. Il n'a pas de statue, car on ne peut
regarder comme ses images les deux marbres de prêtres stéphané-
phores des musées du Louvre et de Cluny. Dans le monde romain,
l'artiste chargé de reproduire les traits d'un Empereur n'était pas
libre de suivre sa fantaisie : il devait travailler d'après le cérémonial ;
on pourrait dire, d'après le rituel. L'écervelé qui eût osé représenter
un Empereur comme un prêtre de Smyrne, eût été condamné à
l'amputation de la main droite, ou des deux mains. Ce n'est pas

avec cette attitude, un peu gauche, de fonctionnaire subalterne que Julien dut être présenté à l'admiration, à l'adoration des Parisiens du quatrième siècle. Nos pères durent le voir en marbre ou en bronze doré, sa large poitrine couverte de la cuirasse, la lance au poing, et, en tête, un casque finement ciselé dont le sommet portait le dragon — symbole de la sagesse et de la victoire. Le cou robuste, le visage amaigri par les travaux guerriers, l'Empereur Julien regardait fièrement le ciel, et semblait écouter les ordres de Jupiter ou de Pallas Athénè.

Nous ne demandons pas qu'on songe à restituer cette statue. Le Paris du vingtième siècle est tellement encombré de gloires qu'il ne peut penser à la gloire du quatrième. Mais ne pourrait-on rappeler, sur une table de marbre accrochée aux ruines des Thermes, que, voilà quinze siècles, un lettré, un administrateur, un des hommes sur qui l'Histoire a fixé les yeux, habita Paris, s'y plut, et le combla de bienfaits ? La dépense serait minime, et grand l'honneur qui en rejaillirait sur nos modernes décurions.

II

LÉGALITÉ DE LA RÉVOLUTION DE L'AN 360

(Commentaire d'un texte d'Ammien Marcellin.)

L'injure faite au César Julien par le préfet Florentius aboutit — nous venons de le dire — à une révolution. Quel fut exactement le caractère de ce soulèvement ? Faut-il n'y voir qu'une émeute militaire ? Les soldats, plongés dans une de ces ivresses, dont M. Camille Jullian (Notes gallo-romaines) a fait ressortir le caractère bizarrement mystique, ont-ils été les seuls à acclamer Julien Empereur ? Faut-il ne voir dans la révolution parisienne de l'an 360 que le résultat d'une grossière effervescence de soldats mutinés ?

Cette question a pour nous, Parisiens, une importance plus grande que la précédente. L'archéologie est une belle chose. L'Histoire est une chose plus grande.

Le commentaire que nous allons faire d'un texte d'Ammien Marcellin nous donnera la réponse. Ce texte est connu et nous n'avons ni à le découvrir ni à le corriger, mais il n'a jamais été étudié comme il doit l'être.

Au lendemain de la révolution de mai 360, Julien engagea des pourparlers avec Constance : il lui proposa un arrangement amiable. Constance chargea le questeur de son palais, Léonas, de sa réponse : le questeur arriva à Paris, y fut reçu avec respect, et conduit au Champ de Mars (les Champeaux du moyen âge). Il donna au peuple de Paris lecture de l'édit de Constance. L'Empereur sommait Julien de reprendre purement et simplement son titre de César. Le peuple ne laissa pas le questeur achever sa lecture et s'écria, frémissant d'indignation : « Auguste Juliane, *ut provincialis, et miles et reipublicæ decrevit auctoritas, recreatæ quidem, sed adhuc metuentis redivivos barbarorum excursus.* (Ammien, XX, IX, 7.)

Quel est le sens exact de cette phrase ? La traduction que nous allons en donner va nous révéler des faits qui n'ont jamais été soupçonnés et qui constituent une seconde page absolument inédite de l'histoire du Paris gallo-romain.

Le texte en question a toujours été jusqu'ici traduit comme un passage de pure littérature. Écoutons Amédée Thierry : « Julien, tu es Auguste par la volonté des provinces, par celle des soldats, par l'autorité de la république. Sans toi, les Barbares seraient encore chez nous ; sans toi, ils y reviendront. » (*Histoire de la Gaule sous la domination romaine*, liv. IX, chap. II.)

Thierry, pas plus que ses devanciers ni ses successeurs, ne s'est aperçu qu'en cet endroit Ammien ne fait pas de la littérature, mais rapporte un document officiel, dont tous les mots ont une valeur nettement déterminée par la législation romaine. Ammien ne parle pas de la *volonté* des provinces, des soldats et de la république. Ce serait là une phraséologie vide de sens. Il dit que l'élection de Julien fut sanctionnée par trois *décrets* (decrevit), et que ces décrets furent portés : 1° par les provinciaux ; 2° par les soldats ; 3° par l'autorité de la république.

Étudions séparément chacun de ces décrets pour en saisir la nature.

1° Les *provinciaux* ne pouvaient porter de décret que lorsqu'ils étaient réunis en assemblée. Il y eut donc, à Paris, en 360, une assemblée provinciale qui approuva la nomination de Julien à la dignité d'Empereur. Le texte d'Ammien, traduit comme il doit l'être, est d'une importance capitale. Il nous prouve qu'au quatrième siècle les assemblées de province s'occupaient de politique, ou du moins qu'elles s'en occupèrent cette fois. Et cette donnée nouvelle rectifie la manière de voir des écrivains qui ont tracé le tableau de la vie romaine en Gaule. Il est, en effet, de tradition de regarder les assemblées de nos ancêtres comme étrangères à la politique. Voici ce que dit à ce sujet M. G. Bloch (*La Gaule indépendante et la Gaule romaine*, Paris, 1902) :

« Les assemblées provinciales n'étaient pas des corps politiques au vrai sens du mot. On peut remarquer leur abstention au milieu des événements qui, à diverses reprises, troublèrent la paix de l'Empire. Le Conseil des Gaules n'est pas mentionné une seule fois lors des insurrections du premier siècle... Il n'apparaîtra pas davantage dans les crises du troisième (page 186-187).

« Les conciles se *tinrent en dehors des révolutions du quatrième siècle*, comme ils avaient fait pour celles du troisième. C'est seulement vers le milieu du cinquième siècle, dans le désarroi causé par les invasions, que nous voyons les diètes provinciales élargir leurs attributions et intervenir, à diverses reprises, dans les questions purement politiques. » (P. 306.)

Hé bien, non, il faut corriger cette opinion. La sagacité des historiens a été mise en défaut par l'ignorance des littérateurs. Ammien affirme que les provinciaux avaient porté un décret en faveur de l'élection de Julien ; c'est dire implicitement qu'il y avait eu une assemblée provinciale qui s'était occupée d'une question exclusivement politique, au quatrième siècle.

Cette assemblée comprit-elle les députés d'une seule province ou ceux de toute la Gaule ? Ammien ne le dit pas, mais, quelle qu'ait été son importance, l'assemblée a été tenue.

**

2° Comment le peuple de Paris, réuni au Champ de Mars autour du questeur Léonas, put-il qualifier de *décret* l'acclamation des *soldats* de Julien ?

Pour le comprendre, reportons-nous aux mœurs du temps. C'était l'armée qui créait légalement les empereurs. Ne parlons pas des tyrans, que l'Histoire a flétris parce que le succès final leur fit défaut. Passons en revue trois élections d'empereurs légitimes.

Jovien, le successeur de Julien, fut élu par l'armée qui revenait d'Assyrie : « Collecti duces exercitus, advocatisque legionum principiis et turmarum, super creando principe consultabant. » (Ammien, XXV, v, 1) (1).

Valentinien Ier, successeur de Jovien, fut élu de la même manière : « in unum quæsito milite omni, Valentinianus rector pronuntiatur mperii ». (Ammien, XXVI, ii, 2) (2).

A la mort de Valentinien Ier, ses principaux officiers craignent que les cohortes gauloises n'élisent un empereur de leur nation, et ils se hâtent de faire acclamer son fils Valentinien II, alors âgé de quatre ans : « Cerealis eumdem puerum lectica impositum duxit in castra ; sextoque die post parentis obitum Imperator legitime declaratus, Augustus nuncupatur more sollemni. » (Ammien, XXX, x, 5) (3).

Ce dernier texte est au-dessus de toute discussion. Ammien déclare que le jeune prince, élu par les soldats, était légitimement élu, *dans les formes accoutumées.*

Les Parisiens de l'an 360 restaient donc dans la plus stricte légalité en déclarant valable le *décret* porté par *l'armée gauloise* en faveur de Julien.

*
* *

3° Nous arrivons à la dernière partie de notre texte. Que faut-il entendre par l'*autorité de la république* ?

S'agit-il de l'Empire romain tout entier ? Non, car Julien était loin d'être reconnu de tout l'Empire. S'agit-il au moins de la Gaule entière ? Pas davantage, car la Gaule n'a jamais été désignée, à l'époque romaine, comme formant la République ou une république.

---

(1) « Les chefs de l'armée s'assemblèrent, et, après avoir convoqué les commandants des légions et de la cavalerie, tinrent conseil sur l'élection d'un Empereur. »

(2) « Toutes les troupes assemblées, Valentinien est proclamé le chef de l'Empire. »

(3) « Cerealis mit cet enfant dans une litière et le conduisit au camp ; et, six jours après le décès de son père, on le déclare légitimement Empereur, et on le proclame Auguste dans les formes accoutumées. »

De quoi s'agit-il donc? De la république des Parisiens, c'est-à-dire de la ville de Paris, et de son *autorité*, c'est-à-dire de son Sénat, de ses décurions, — aujourd'hui conseillers municipaux.

Il serait superflu de prouver que les villes romaines portaient le titre de républiques. Citons seulement une inscription de Timgad (*Journal officiel* de la R. F., 31 janvier 1905, p. 858. Rapport sur les travaux de fouilles exécutés en 1904 dans les trois départements algériens). « Ex liberalitate M. Juli Quintiani Flavi Rogati, præter summam testamento suo reipublicæ coloniæ Thamugadensium patriæ suæ legatam... »

« Outre la somme léguée par la libéralité de Marcus Julius Quintianus Flavius Rogatus dans son testament en faveur *de la république* de la colonie des Thamugadins, sa patrie... »

L'autorité de la *République*, c'est le conseil municipal de Paris; c'est à la ville de Paris que se rapporte la mention qui suit : « la ville a été restaurée sans doute, mais elle craint encore le retour des Barbares... »

Nous apprenons ainsi que Paris avait été ravagé avant la venue de Julien, et qu'il avait été rebâti par Julien, qui était ainsi devenu son second fondateur.

Le fondateur d'une ville était une personne sacrée. Rien d'étonnant, par conséquent, que l'Ordre municipal se soit associé par un décret à l'enthousiasme de l'armée et de la province.

Sur l'ordre des duumvirs, les hérauts de la municipalité parcoururent la ville, munis de la trompe et de la cloche. Les décurions, convoqués à une séance extraordinaire, se rendirent à la Curie et prirent place, comme de coutume, selon leur ancienneté, et aussi selon le nombre de leurs enfants. Les pères de familles nombreuses avaient le pas sur les autres. Le président, ou prince, leur donna lecture d'un projet de décret, et il ne fut pas besoin de recueillir les bulletins de vote. Tous les sénateurs, les illustres d'abord, les clarissimes ensuite, vinrent se ranger aux côtés de l'orateur et l'approuvèrent par le fait même. Le décret fut ensuite rédigé d'une façon définitive et affiché à la porte de la Curie. La foule des citoyens s'empressa de faire cercle; et lorsque les pères de la République vinrent à passer, drapés dans leurs toges ou leurs lacernes aux larges bandes de pourpre, une chaude ovation leur fut faite, comme à ceux qui venaient de bien mériter de la patrie. Le Sénat de Paris approuvait, comme jadis le Sénat de Rome, l'élection faite par l'armée.

Le texte d'Ammien Marcellin doit se traduire ainsi : « Julien
Auguste ! (c'est une acclamation équivalente à notre : vive l'Empereur !) Julien Auguste ! ainsi que l'ont décrété les provinciaux, les
soldats, les décurions de notre ville relevée de ses ruines sans
doute, mais redoutant encore le retour offensif des Barbares. » Le
questeur Léonas était reçu, à Paris, par des Parisiens qui parlaient
d'eux-mêmes, de leurs actes, de leurs craintes, de leurs intérêts.
Julien fut un empereur parisien, un élu de Paris. De là vient que,
la nuit qui précéda sa mort, affligé de présages funestes, sa pensée
se reporta, nous dit Libanius, vers cette nuit sacrée où Paris l'avait
acclamé. Au moment où l'Empire allait lui échapper avec la vie, il
se rappelait avec un bonheur mêlé de tristesse les débuts de son
règne.

Pourquoi Paris ne s'est-il jamais souvenu de Julien ?

III

LES PARISIENS DE L'AN 360 FURENT-ILS DES NAÏFS ?
JULIEN FUT-IL UN FOURBE ?

L'élection de Julien parut légale aux Parisiens de l'an 360. Était-
elle nécessaire ? Telle est la question à laquelle nous devons
répondre, avant de clore la présente étude, si nous voulons conserver
à l'acte de nos ancêtres son caractère de noblesse, de grandeur.

Les Gaulois avaient-ils été réellement sauvés par Julien ? Devaient-
ils craindre, s'ils ne lui conféraient le titre d'Empereur, de retom-
ber sous le joug des Barbares ? Furent-ils entraînés dans un complot savamment ourdi par Julien, qui les aurait dupés ?

1° *La Gaule était-elle redevable à Julien de son salut ?*

Julien, dans sa lettre aux Athéniens, trace ce tableau de la situation de la Gaule, à son arrivée dans cette province : « Une multi-

tude de Germains campait tranquillement autour des villes Gauloises qu'ils avaient ruinées. Le nombre des villes démantelées par
eux pouvait s'élever à quarante-cinq, sans compter les tours et les
forteresses. L'étendue du terrain occupé par ces Barbares en deçà du
Rhin égalait l'espace compris entre les sources de ce fleuve et les
bords de l'Océan. L'ennemi cantonné le plus près de nous était
à 3oo stades de la rive du Rhin. De plus, ils avaient laissé entre eux
et nous un désert trois fois plus grand par des dévastatations telles
que les Celtes n'y pouvaient mener paître leurs troupeaux. D'autres
villes, quoique plus éloignées des Barbares, n'en étaient pas moins
dépeuplées. » (Traduction Talbot.)

Voilà ce que dit Julien, et il semble que son témoignage, qu'il
était si facile de contrôler à l'époque où il se produisit, ne puisse
être argué de faux.

Cependant, en Allemagne, on en conteste l'exactitude. Hecker le
taxe d'exagération. (Alamannenschlacht bei Strazburg. *Neue Iahr-
bücher für Philologie und Pædagogik*, vol. CXXXIX, p. 67-70.)

« Je ne crois pas qu'il ait réussi sa démonstration, observe le
docteur italien Oberziner, en parlant de l'érudit d'Allemagne. Indé-
pendamment de la lettre au Sénat et au peuple d'Athènes, ce
qu'Ammien raconte à propos de la marche de Julien, d'Autun à
Reims, donne créance au récit de Julien. Du temps de Gallien, les
Alamans étaient capables de bien autre chose. Hecker a-t-il pensé à
cela ? Du reste, Julien ne dit pas que toute la bande de terre qui
touche le Rhin à l'ouest fût tombée au pouvoir de l'ennemi, mais
seulement que l'ennemi s'était établi le long de toute la rive gauche
du fleuve. Cela n'exclut pas que les Romains n'aient conservé çà et
là quelque forteresse ou quelque ville. » (*Le Guerre Germaniche
di Fl. Cl. Giuliano*. Roma, 1896, p. 28.)

Complétons cette excellente réponse d'Oberziner en reprenant les
choses d'un peu plus haut.

Pendant que l'armée Gauloise, soutien de Magnence, était battue
à Mursa par les troupes de Constance, la Gaule était envahie par
les Alamans auxquels ce même Constance avait, — crime de lèse
humanité, — ouvert les portes de l'Empire. Une des bandes Ger-
maines conduite par Khrok, avait systématiquement détruit les
monuments, les plus anciens, les plus beaux, orgueil des villes gauloises. Clermont, Angoulême avaient été ravagés par ces incen-
diaires. Paris leur avait-il échappé ? Ne peut-on leur attribuer les

desastres dont les fouilles récentes de la Cité et du Collège de France ont permis de retrouver les vestiges ?

« Après la défaite de Magnence, le maître de l'infanterie, Silvanus, débarrassa à peu près la Gaule de ces pillards ; mais à cause même de ces succès, Silvanus déplut à la cour de Constance : on lui tendit un piège grossier dans lequel il tomba. Il se révolta, se fit proclamer Empereur par ses troupes et périt bientôt assassiné.

« Les Germains n'eurent rien de plus pressé que de rentrer en Gaule : quarante villes des provinces voisines du Rhin furent prises et saccagées. L'odieux de tous ces désastres retombait sur Constance. » (Amédée Thierry, *Histoire de la Gaule sous la domination romaine*, liv. VIII, chap. II.)

Ammien Marcellin affirme que rien ni personne ne s'opposait plus aux dévastations des Barbares, et que la Gaule était sur le point d'être mise au tombeau (XV, VIII, 1). Et c'est alors que Julien fut chargé d'aller recueillir les restes de cette malheureuse province : « colligere provinciæ fragmenta ». (XVI, I, 1.)

En juin 356, le César quitte Vienne pour aller débloquer Autun. Il y réussit, et projette de pousser jusqu'à Auxerre, mais il tient conseil pour savoir quel chemin il prendra, tellement l'ennemi occupe la contrée. A Troyes, il trouve les portes fermées : les habitants ne pouvaient protéger que leurs murailles. Sur la route de Dieuze, son arrière-garde est sur le point d'être anéantie par les Barbares. Les Germains lui tiennent tête à Brumath. Il reprend Cologne sur les Francs, et revient passer l'hiver à Sens. L'ennemi l'y tient assiégé pendant un mois ! Ammien assistait à cette campagne, il a vu l'état de la Gaule. On peut le croire sur parole. Trois ans après, la Germanie tremblait dans ses forêts. La Gaule avait le droit de considérer Julien comme son bienfaiteur.

*
* *

2° *Les Gaulois étaient-ils placés dans l'alternative de se révolter, ou de se voir de nouveau ruinés par les Barbares ?*

Ce qui provoqua la révolte, ce fut l'ordre donné par Constance de lui envoyer en Orient les auxiliaires : les Hérules et les Bataves ; deux des légions : les Celtes et les Pétulants ; trois cents hommes de chacune des autres légions; et enfin presque toute la garde : Scutaires et Gentils.

Julien avait déjà envoyé à Constance « quatre cohortes d'excellents fantassins, trois autres de bons cavaliers, et deux légions superbes ». (*Lettre aux Athéniens.* Traduction Talbot, p. 241.)

Si l'armée gauloise avait obéi à l'Empereur, que restait-il pour protéger la Gaule ? On évalue généralement à douze mille hommes l'armée de Julien. Après le départ du contingent exigé par Constance, il n'en serait resté à peu près rien comme quantité, absolument rien comme qualité.

La plupart des historiens modernes plaident la cause de l'Empereur. Il avait besoin de troupes, dit-on, pour sa guerre contre les Perses. Le fait est que son impéritie et celle de ses généraux infligeaient à son armée des pertes sensibles. Mais les besoins de l'Orient devaient-ils devenir la ruine de l'Occident ? Et d'ailleurs Libanius affirme que l'armée de Constance, même après tant de défaites, était suffisante. Il est vrai qu'on accuse Libanius de partialité. Mais Ammien, que personne n'a osé taxer de mauvaise foi, est de son avis. Ammien attribue à la jalousie de Constance l'ordre de départ donné aux troupes gauloises. « Les vertus de Julien brûlaient Constance comme un fer rouge. L'Empereur craignait que le vainqueur de la Germanie ne voulût s'élever à l'Empire. » (XX, IV, 1-2.)

Mais, que l'on pense ce que l'on voudra des motifs qui firent agir Constance, la question n'est pas là. Les Gaulois pouvaient-ils se résigner à n'avoir plus d'armée ? Non, de trop cruelles, de trop récentes expériences les avaient instruits de la nécessité d'avoir toujours à la frontière des troupes capables d'intimider, de repousser les Barbares. Et nous, qui savons comment périt la Gaule romaine, nous ne pouvons qu'approuver leur manière de voir.

Quarante ans après la révolution qui fit du César Julien un Empereur, Stilicon appela en Italie les troupes qui gardaient les bords du Rhin. Ces troupes allèrent en Rhétie, et ne revinrent plus dans le pays dont la défense leur avait été confiée. Stilicon avait besoin de soldats pour combattre Alaric. Lui aussi, il avait son excuse. Mais le résultat fut atroce. Orose et saint Jérôme l'ont consigné : ils disent que si l'Océan eût débordé sur la Gaule, il n'y eût pas causé autant de dommage. Les Barbares se répandirent dans la première Germanie qui renfermait les territoires de Mayence, Worms, Spire et Strasbourg. Dans la seconde Germanie, Cologne fut prise. De là le fléau passa dans les deux Belgiques. Trèves fut pillée. Tournai, Térouanne, Arras, Amiens, Saint-Quentin ne purent arrêter le torrent. Besançon, Sion, Bâle furent ruinés. Les deux Aquitaines, la Novempopulanie, les deux Narbonnaises furent converties en cendres. Marseille fut détruite (Toulouse seule résista). Et ce fut le prélude des lamentations qui firent de l'époque suivante la période la plus triste de l'histoire gauloise. La civilisation sembla anéantie.

Voilà quel fut le résultat du désarmement de la Gaule. Les Parisiens de l'an 360 avaient-ils tort d'écarter ce malheur ? La révolte n'était-elle pas pour eux une nécessité ?

.*.

3° Il semble qu'il ne puisse y avoir qu'une réponse : oui, la révolution de 360 était une œuvre bonne, utile.

Mais le rôle joué dans cet événement par Julien n'est-il pas en contradiction avec ce que nous venons de dire de la bonne foi Gauloise ? *Julien n'a-t-il pas dupé les Gaulois ? N'a-t-il pas manœuvré avec une habileté incomparable pour les tromper sur leurs propres intérêts et sur leur devoir ?*

Cette thèse a été soutenue par le cardinal Gerdil. (*Œuvres complètes*, t. X, p. 58-62. Rome 1808) (1).

Théologien, philosophe, historien, Gerdil a le droit d'être entendu. « La répugnance bien connue de Julien, dit-il, et le délai qu'il apporta au départ des troupes contribuèrent à nourrir le mécontentement et à aigrir de plus en plus les esprits contre l'ordre de l'Empereur. Dans ces entrefaites, une main inconnue, mais amie de Julien, laissa tomber un billet séditieux dans le quartier de deux légions. Les amis de Constance en furent extrêmement alarmés, et firent à Julien de sérieuses représentations sur la nécessité de prévenir les suites de la fermentation ; mais ce n'était pas ce que Julien voulait. »

Telle est la première accusation de Gerdil contre Julien : le César aurait dû exécuter à l'instant l'ordre de Constance qui appelait en Orient l'armée gauloise. Voici notre réponse.

Dans sa lettre aux Athéniens, Julien affirme que Constance avait

(1) Elle a été reprise par Kock, qui, dans son *Kaiser Julian. Seine Jugend und Kriegsthaten*, 1900, soutient que la révolution de Paris fut une simple comédie.

chargé de l'exécution de son ordre le maître des armes Lupicinus et le tribun Sintula. Or, Lupicinus était absent : Julien l'avait envoyé en Bretagne repousser une invasion des Pictes et des Scots. Et l'on ne peut critiquer l'initiative de Julien. « Il fallait, dit miss Alice Gardner, la prompte intervention des troupes romaines, sous les ordres d'un général romain. Et si Julien avait cru prudent de laisser la Gaule en cette conjoncture, il n'est pas impossible que Londres l'eût proclamé empereur. » (*Julian philosopher and Emperor.* New-York. London, 1895.)

Donc, Lupicinus était absent. Sintula était un bien mince personnage pour le remplacer, et d'ailleurs il n'était chargé que des Scutaires et des Gentils.

Quant à Julien, l'Empereur lui avait seulement prescrit de ne pas s'opposer au départ des troupes.

Qui pouvait remplacer Lupicinus ? Un seul homme, Florentius, préfet du prétoire. Mais Florentius, qui avait conseillé à l'Empereur d'appeler à lui l'armée gauloise, et qui craignait la colère des Parisiens, s'était enfui à Vienne et refusait d'en revenir.

Des libelles circulèrent parmi les légions. Gerdil semble en rendre Julien responsable. Cependant est-il une puissance au monde qui soit capable de s'opposer à l'éclosion des lettres anonymes et des pamphlets ?

Les amis de Constance pressèrent Julien de prendre une décision et d'écrire au moins à l'Empereur, sans doute pour le mettre au courant de la situation. Julien s'exécuta. Mais la réponse ne pouvait arriver vite. Les amis de Constance prirent sur eux de hâter l'exode des troupes, mais, se défiant de leur peu d'autorité sur les soldats et voulant engager la responsabilité de Julien, ils s'obstinèrent (malgré les avis de Julien) à faire passer les légions par Lutèce.

Ici, rendons la parole à Gerdil : « Julien, dit-il, avoue dans son Manifeste, qu'il fut averti dès le soir au coucher du soleil du complot qui se tramait en sa faveur, et qui n'éclata que dans la nuit. Quelque court que l'on suppose l'intervalle, un homme fidèle à son devoir en aurait profité pour tâcher de conjurer l'orage, de calmer les esprits, et de les ramener à l'obéissance. Mais le César se retira dans son appartement, pour ne pas se compromettre, ne sachant point encore comment la chose pouvait tourner. »

Gerdil n'a pas lu le Manifeste de Julien, ou ne l'a pas compris.

Voici ce que dit Julien : « Les légions arrivent ; je vais au-devant d'elles, et je leur signifie l'ordre du départ. Elles demeurent un jour entier, sans que je sache rien de ce que les soldats ont résolu de faire. Oui, j'en atteste Jupiter, le Soleil, Mars, Minerve et tous les dieux, que, jusque dans la soirée, il ne me vint aucune ombre de soupçon. Le soir seulement, au coucher du soleil, le bruit m'en arriva. Tout à coup, les soldats entourent le palais... »

Il n'y eut aucun intervalle. Julien ignora le complot jusqu'à l'heure où ce complot éclata. Du reste c'est une grande présomption de chercher une naïveté, une contradiction, un aveu dans les œuvres de Julien. Si cet homme avait été coupable, il était assez fin, assez maître de sa pensée et de son style pour ne pas s'accuser lui-même.

De nouveau, écoutons Gerdil : « Le premier soin de Julien fut de se tourner vers Jupiter et de lui demander un signe qui lui fît connaître sa volonté... C'est ainsi qu'il justifie son avènement au trône, qui aurait été une manifeste usurpation si Jupiter et le Génie de l'Empire n'y fussent intervenus pour le rendre légitime. »

Un peu plus loin, Gerdil applique à Julien le mot d'un philosophe du dix-huitième siècle sur Socrate : « Un homme qui se vantait d'avoir un Génie familier était indubitablement un fou, ou un fripon. »

Voilà de bien gros mots. Il nous est difficile, après tant de siècles d'atavisme chrétien, de prendre au sérieux Jupiter, Mars et le Soleil-Roi. Mais, à l'époque où vivait Julien, beaucoup d'hommes de valeur croyaient aux dogmes de la religion hellénique ; et cette religion avait un passé au moins aussi long que celui qui honore aujourd'hui le christianisme. De quel droit refuse-t-on à Julien la sincérité dans sa croyance à ses dieux, à leurs révélations, à leurs promesses ? N'y a-t-il pas, dans toutes les religions, des individus dont la conviction va jusqu'au mysticisme, jusqu'à l'extase ?

Gerdil continue : « On a prétendu que Julien n'avait accepté l'Empire que pour se mettre à couvert de la méchanceté de Constance, qui voulait le faire périr comme son frère Gallus. Cette prétention est sans fondement. Zosime dit que Constance ne voulait que diminuer la dignité de Julien en affaiblissant son pouvoir. »

Sans doute, l'éloignement de l'armée gauloise n'était pas un ordre de mort immédiate pour Julien. Et Julien le reconnaît lui-même dans son Manifeste lorsqu'il dit : « L'auteur du libelle (adressé aux légions) déplorait l'*abaissement* où l'on m'avait réduit. » Constance agissait avec circonspection : il commençait par isoler Julien, comme il avait isolé Gallus. Une fois seul, sans soldats pour le protéger, que serait devenu Julien ? Son frère avait été décapité. Il avait tout lieu d'appréhender le même sort.

Revenons à Gerdil : « La résistance de Germanicus, dans une conjoncture bien plus critique, prouve assez qu'un homme vertueux sait résister aux plus furieux assauts, lorsqu'il se montre fermement résolu de périr plutôt que de se démentir. A Vienne, le préfet du prétoire Nébridius refusa de jurer, malgré les menaces des soldats. Julien, il est vrai, lui sauva la vie... La généreuse fidélité de Nébridius ne reprochait-elle pas à Julien un excès de condescendance à se prêter aux vœux de son armée? »

Notons d'abord que Gerdil a emprunté à Lebeau (*Histoire du Bas-Empire*, liv. XI) sa comparaison de Julien et de Germanicus : « Quoique Julien ne manquât ni d'éloquence, ni de vigueur, sa résistance ne fut pas aussi efficace que l'avait été celle du généreux Germanicus, dont la fermeté inébranlable dans son devoir avait bien su repousser les efforts d'une armée qui s'obstinait avec fureur à lui faire accepter le titre d'Auguste. »

Voici ce que nous avons à répondre à Gerdil et à Lebeau. Les légions de Germanicus réclamaient des congés et de l'argent, et c'était pour obtenir satisfaction qu'elles voulaient lui conférer le pouvoir impérial. Germanicus transigea : il renvoya dans leurs foyers ceux de ses soldats qui avaient accompli leur temps de service, et sur sa fortune personnelle et celle de ses généraux il paya les arriérés de solde. La mutinerie, n'ayant plus de motif de persévérer, s'apaisa pour un temps. Cependant elle releva la tête, et Germanicus fit partir pour Trèves sa femme et son fils. Les soldats comprirent qu'ils étaient perdus de réputation s'ils laissaient dire que la garnison de Trèves leur était supérieure en bons sentiments. Ils demandèrent grâce et massacrèrent les instigateurs de la révolte.

En quoi la conduite, — très belle d'ailleurs, — de Germanicus pouvait-elle servir d'exemple à Julien ? Les circonstances n'étaient pas les mêmes. Les soldats de Julien ne demandaient ni argent, ni congés. Leur révolte avait une cause plus profonde : les auxiliaires Hérules et Bataves ne servaient dans l'armée romaine qu'à la condition de ne pas franchir les Alpes ; et les légionnaires se refusaient à livrer à l'ennemi leurs femmes, leurs enfants, le pays qu'ils étaient chargés de défendre. Ils ne pouvaient assurer le salut de leur patrie qu'en nommant Empereur leur général ; et ils l'eussent massacré, s'il eût persévéré dans le refus. Julien devait-il se laisser égorger ? Le sacrifice eût été au moins inutile : les Gaulois révoltés se fussent donné un autre maître.

Gerdil couvre d'éloges Nebridius. Mais Nebridius comptait sur la protection de Julien, et, en effet, Julien lui sauva la vie. De plus, Nebridius pouvait faire le sacrifice de son existence. Julien avait charge d'âmes.

Il y a, me semble-t-il, quelque chose de bas, d'hypocritement cruel dans ce regret, que l'on ose exprimer, que Julien ne se soit pas laissé massacrer par ses troupes.

Voici la dernière remarque de Gerdil : « La conduite de Julien offre un étrange contraste. S'agit-il d'un ordre de l'Empereur de retirer les troupes de la Gaule pour les opposer aux Parthes, Julien trouve qu'il y a de l'injustice à laisser la Gaule sans défense. S'agit-il, peu de mois après, d'employer ces mêmes troupes pour son compte, l'intérêt de la Gaule disparaît, les scrupules s'évanouissent, et Julien trouve qu'il est juste de mener contre l'Empereur des soldats qu'il eût été injuste de lui envoyer pour les faire servir contre les plus redoutables ennemis de l'Empire ! »

Là encore, on surprend une arrière-pensée de méchanceté. Julien semble avoir prévu que l'objection de Gerdil lui serait faite, et il y a répondu d'avance dans son Manifeste : « Si l'amour de la vie ou la crainte du danger m'eût retenu dans les Gaules, il aurait été facile à Constance de me fermer toute issue, en enveloppant mes flancs d'une foule de Barbares, et en m'opposant en tête la masse de ses troupes. »

Julien brisa le cercle avant qu'il ne fût fermé. Il se jeta sur les Barbares, les glaça pour longtemps d'épouvante, captura le plus fourbe et le plus puissant de leurs rois, et put alors en toute sécurité marcher au-devant de Constance. Ses soldats le suivirent avec joie : ils avaient confiance en son génie. Lorsque Julien emmena l'armée gauloise au delà des Alpes, la Gaule n'avait plus rien à craindre des barbares. Loin d'accuser Julien, Ammien le loue au contraire d'avoir donné une preuve splendide de sa force de commandement en conduisant en Perse des soldats habitués au climat du Nord. (Ammien, XXV, iv, 13.)

Discuter toutes les attaques lancées contre Julien serait trop long. Contentons-nous de faire observer que, pour comprendre la pensée de cet Hellène, il faut avoir présente à l'esprit sa philosophie de l'histoire.

Dans sa lettre à Thémistius (traduction Talbot, p. 222), il dit ceci : « Je ne suis pas le seul qui croie que la Fortune est la souveraine des affaires de ce monde. Je puis te citer ce qu'en dit Platon dans son admirable livre des *Lois* : « Dieu est le maître de tout, et « après Dieu, la fortune et l'occasion gouvernent toutes les choses « humaines. On est moins exclusif cependant en admettant un troi- « sième principe et en ajoutant l'art aux deux autres. »

Ainsi, pour Julien, un événement historique est la résultante de ces trois forces : la volonté divine, l'occasion, et l'habileté de l'homme qui se soumet à la première et profite de la seconde.

Dès lors on comprend sa conduite à Paris, en l'an 360. Jupiter veut faire de lui un Empereur; il en est convaincu, et il est également persuadé que sa conscience lui fait un devoir d'obéir à l'ordre du dieu. Mais il attend une occasion, et cette occasion lui est offerte par la folie criminelle de Florentius et de Constance qui, en rappelant les troupes, exposent la Gaule aux incursions des Barbares et soulè- vent l'indignation des Gaulois et des légionnaires. Jusqu'ici, Julien est passif. Mais son rôle actif commence aussitôt après : son art, son habileté tirent le meilleur parti possible de l'ordre divin et des fautes de Constance. En conscience, il se croit inattaquable, et se présente hardiment au tribunal de l'histoire. Sur le point de mourir, il dit : « Je n'ai à me repentir d'aucune de mes actions, je me suis mis et je suis resté au poste que m'avait assigné l'intérêt de l'État. » (Ammien, XXV, III, 17, 18).

Dans le discours que Julien adressa, à Vienne, à ses soldats, au moment de les lancer contre Constance, il leur fit cette prédiction : « La Gaule, témoin des labeurs que nous avons affrontés pour lui rendre la vie, la Gaule racontera nos exploits à la postérité la plus lointaine. » (Ammien, XXI, v, 5.) Hélas ! hélas ! la Gaule ne s'est souvenue de lui que pour le flétrir du surnom d'Apostat ! Ne serait- il pas temps de lui donner sa revanche ?

Luc de Vos.

25-1-09. — Tours, imp. E. Arrault et Cie.